LB 43
344

EXTRAIT DU REGISTRE

DES DÉLIBÉRATIONS

DES CONSULS DE LA RÉPUBLIQUE.

Séance du 24 pluviose an 9 de la République.

LE premier Consul nomme pour porter au Corps législatif le traité de paix signé à Lunéville, le 20 de ce mois les citoyens Champagny, Emmery et Devaines, membres du Conseil d'État.

Le premier Consul,

Signé, BONAPARTE.

Par le premier Consul, le secrétaire d'État.

Signé, Hugues-B. MARET.

Pour extrait conforme, le secrétaire-général du Conseil d'État.

Signé, J. G. LOCRÉ.

Paris, le 24 Pluviose an 9 de la République une et indivisible.

LES Consuls de la République au Corps Législatif.

LÉGISLATEURS,

La paix du continent a été signée à Lunéville; elle est telle que la vouloit le Peuple français. Son premier vœu fut la limite du Rhin; des revers n'avoient point ébranlé sa volonté; des victoires n'ont point dû ajouter à ses prétentions.

Après avoir replacé les anciennes limites de la Gaule, il devoit rendre à la liberté des peuples qui lui étoient unis par une commune origine, par le rapport des intérêts et des mœurs.

La liberté de la Cisalpine et de la Ligurie est assurée.

Après ce devoir, il en étoit un autre que lui imposoient la justice et la générosité.

Le roi d'Espagne a été fidèle à notre cause, et a souffert pour elle. Ni nos revers, ni les insinuations perfides de nos ennemis, n'ont pu le détacher de nos intérêts. Il sera payé d'un juste retour : un prince de son sang va s'asseoir sur le trône de Toscane.

Il se souviendra qu'il le doit à la fidélité de l'Espagne et à l'amitié de la France. Ses rades et ses ports seront fermés à nos ennemis, et deviendront l'asyle de notre commerce et de nos vaisseaux.

L'Autriche, et c'est là qu'est le gage de la paix ; l'Autriche, séparée désormais de la France par de vastes régions, ne connoîtra plus cette rivalité, ces ombrages qui depuis tant de siècles ont fait le tourment de ces deux puissances et les calamités de l'Europe.

Par ce traité tout est fini pour la France ; elle n'aura plus à lutter contre les formes et les intrigues d'un congrès.

Le Gouvernement doit un témoignage de satisfaction au Ministre plénipotentiaire qui a conduit cette négociation à cet heureux terme. Il ne reste ni interprétations à craindre, ni explications à demander, ni de ces dispositions équivoques dans lesquelles l'art de la diplomatie dépose le germe d'une guerre nouvelle.

Pourquoi faut-il que ce traité ne soit pas le traité de la paix générale ? C'étoit le vœu de la France, c'étoit l'objet constant des efforts du Gouvernement, mais tous ses efforts ont été vains. L'Europe sait tout ce que le ministère britannique a tenté pour faire échouer les négociations de Lunéville.

En vain un agent autorisé par le Gouvernement lui déclara, le 9 octobre 1800, que la France étoit prête à entrer avec lui dans une négociation séparée ; cette déclaration n'obtint que des refus, sous le prétexte que l'Angleterre ne pouvoit abandonner son allié. Depuis, lorsque cet allié a consenti à traiter sans l'Angleterre, ce gouvernement cherche d'autres moyens d'éloigner une paix si nécessaire au monde.

Il viole des conventions que l'humanité avoit consacrées, et déclare la guerre à de misérables pêcheurs.

Il élève des prétentions contraires à la dignité et aux droits de toutes les nations.

Tout le commerce de l'Asie et des Colonies immenses ne suffisent plus à son ambition ; il faut que toutes les mers soient soumises à la souveraineté exclusive de l'Angleterre.

Il arme contre la Russie, le Dannemarck et la Suède, parce que la Russie, la Suède et le Dannemarck ont assuré, par des traités de garantie, leur souveraineté, et l'indépendance de leur pavillon.

Les Puissances du Nord, injustement attaquées, ont droit de compter sur la France: le Gouvernement français vengera avec elles une injure commune à toutes les Nations, sans perdre jamais de vue qu'il ne doit combattre que pour la paix et pour le bonheur du monde.

Le premier Consul,

Signé, BONAPARTE.

Par le premier Consul, le secrétaire d'État,

Signé, Hugues-B. MARET.

(N°. 36.) *TRAITÉ de paix définitif entre Sa Majesté l'Empereur et la République française.*

SA Majesté l'Empereur, roi de Hongrie et de Bohême, et le premier Consul de la République française, au nom du Peuple français, ayant également à cœur de faire cesser les malheurs de la guerre, ont résolu de procéder à la conclusion d'un traité définitif de paix et d'amitié.

Sadite Majesté impériale et royale ne desirant pas moins vivement de faire participer l'empire germanique aux bienfaits de la paix, et les conjonctures présentes ne laissant pas le temps nécessaire pour que l'Empire soit consulté et puisse intervenir par ses députés dans la négociation, Sadite Majesté ayant d'ailleurs égard à ce qui a été consenti par la députation de l'Empire au précédent congrès de Rastadt, a résolu, à l'exemple de ce qui a eu lieu dans des circonstances semblables, de stipuler au nom du corps germanique.

En conséquence de quoi, les parties contractantes ont nommé pour leur plénipotentiaire; savoir,

Sa Majesté impériale et royale, le sieur Louis, comte du Saint-Empire-Romain, de Cobentzel, chevalier de la Toison-d'Or, grand-croix de l'ordre royal de Saint-Etienne et de l'ordre de Saint-Jean-de-Jérusalem, chambellan, conseiller intime actuel de sadite Majesté impériale et royale, son ministre des conférences, et vice-chancelier de cour et d'état;

Et le premier Consul de la République française, au nom du Peuple français, le citoyen Joseph Bonaparte, conseiller d'Etat.

Lesquels, après avoir échangé leurs pleins pouvoirs, ont arrêté les articles suivans :

ART. 1er. Il y aura, à l'avenir et pour toujours, paix, amitié et bonne intelligence entre Sa Majesté l'empereur, roi de Hongrie et de Bohême, stipulant tant en son nom qu'en celui de l'Empire germanique, et la République française ; s'engageant Sadite Majesté à faire donner par ledit Empire sa ratification en bonne et due forme au présent traité. La plus grande attention sera apportée, de part et d'autre, au maintien d'une parfaite harmonie, et à prévenir toutes sortes d'hostilités par terre ou par mer, pour quelque cause et sous quelque prétexte que ce puisse être, en s'attachant avec soin à entretenir l'union heureusement rétablie. Il ne sera donné aucun secours et protection, soit directement, soit indirectement, à ceux qui voudroient porter préjudice à l'une ou à l'autre des parties contractantes.

2. La cession des ci-devant provinces belgiques à la République française, stipulée par l'article 3 du traité de Campo-Formio, est renouvelée ici de la manière la plus formelle ; en sorte que Sa Majesté impériale et royale, pour elle et ses successeurs, tant en son nom qu'au nom de l'Empire germanique, renonce à tous ses droits et titres aux suscites provinces, lesquelles seront possédées à perpétuité, en toute souveraineté et propriété, par la République française, avec

tous les biens territoriaux qui en dépendent.

Sont pareillement cédés à la République française par Sa Majesté impériale et royale, et du consentement formel de l'Empire ;

1°. Le comté de Falkenstein, avec ses dépendances ;

2°. Le Frickthal et tout ce qui appartient à la maison d'Autriche sur la rive gauche du Rhin entre Zurzach et Bâle ; la République française se réservant de céder ce dernier pays à la République helvétique.

3. De même, en renouvellement et confirmation de l'article 6 du traité de Campo-Formio, Sa Majesté l'Empereur et Roi possédera, en toute souveraineté et propriété, les pays ci-dessous désignés ; savoir,

L'Istrie, la Dalmatie, et les îles ci-devant vénitiennes de l'Adriatique en dépendantes, les bouches du Cattaro, la ville de Venise, les Lagunes, et les pays compris entre les États héréditaires de Sa Majesté l'Empereur et Roi, la mer Adriatique et l'Adige, depuis sa sortie du Tyrol jusqu'à son embouchure dans ladite mer ; le *Thalweg* de l'Adige servant de ligne de délimitation ; et comme par cette ligne les villes de Véronne et de Porto-Legnago se trouveront partagées, il sera établi, sur le milieu des ponts desdites villes, des ponts-levis qui marqueront la séparation.

4. L'article 18 du traité de

Campo-Formio est pareillement renouvelé en cela que Sa Majesté l'Empereur et Roi s'oblige à céder au duc de Modène, en indemnité des pays que ce prince et ses héritiers avoient en Italie, le Brisgaw, qu'il possédera aux mêmes conditions que celles en vertu desquelles il possédoit le Modénois.

5. Il est en outre convenu que S. A. R. le grand-duc de Toscane renonce, pour elle et ses successeurs et ayant-cause, au grand-duché de Toscane, et à la partie de l'île d'Elbe qui en dépend, ainsi qu'à tous droits et titres résultans de ces droits sur lesdits Etats, lesquels seront possédés désormais en toute souveraineté et propriété par son altesse royale l'Infant duc de Parme. Le grand-duc obtiendra en Allemagne une indemnité pleine et entière de ses Etats d'Italie.

Le grand-duc disposera à sa volonté des biens et propriétés qu'il possède particulièrement en Toscane, soit par acquisition personnelle, soit par hérédité des acquisitions personnelles de feu Sa Majesté l'Empereur Léopold II, son père, ou de feu Sa Majesté l'empereur François Ier. son aïeul; il est aussi convenu que les créances, établissemens et autres propriétés du grand-duché, aussi bien que les dettes duement hypothéquées sur ce pays, passeront au nouveau grand-duc.

6. Sa Majesté l'Empereur et Roi, tant en son nom qu'en ce-

lui de l'Empire germanique, consent à ce que la République française possède désormais, en toute souveraineté et propriété, les pays et domaines situés à la rive gauche du Rhin, et qui faisoient partie de l'Empire germanique ; de manière qu'en conformité de ce qui avoit été expressément consenti au congrès de Rastadt par la députation de l'Empire, et approuvé par l'Empereur, le Thalweg du Rhin soit désormais la limite entre la République française et l'Empire germanique ; savoir, depuis l'endroit où le Rhin quitte le territoire helvétique, jusqu'à celui où il entre dans le territoire batave.

En conséquence de quoi la République française renonce formellement à toute possession quelconque sur la rive droite du Rhin, et consent à restituer à qui il appartient les places de Dusseldorf, Erenbresthein, Philisbourg, le fort de Cassel et autres fortifications vis-à-vis de Mayence à la Rive droite, le fort de Kell et le Vieux-Brissac, sous la condition expresse que ces places et forts continueront à rester dans l'état où ils se trouveront lors de l'évacuation.

7. Et comme par suite de la cession que fait l'Empire à la République française, plusieurs Princes et Etats de l'Empire se trouvent particulièrement dépossédés en tout ou en partie, tandis que c'est à l'Empire germanique collectivement à supporter les pertes résultantes de cette

lations du présent traité, il est convenu entre Sa Majesté l'Empereur et Roi, tant en son nom qu'au nom de l'Empire germanique, et la République française, qu'en conformité des principes formellement établis au congrès de Rastadt, l'Empire sera tenu de donner aux Princes héréditaires qui se trouvent dépossédés à la rive gauche du Rhin, un dédommagement qui sera pris dans le sein dudit Empire, suivant les arrangemens qui, d'après ces bases, seront ultérieurement déterminées.

8. Dans tous les pays cédés, acquis ou échangés par le présent traité, il est convenu, ainsi qu'il avoit été fait par les articles 4 et 10 du traité de Campo-Formio, que ceux auxquels ils appartiendront se chargeront des dettes hypothéquées sur le sol desdits pays ; mais attendu les difficultés qui sont survenues, à cet égard, sur l'interprétation desdits articles du traité de Campo-Formio, il est expressément entendu que la République française ne prend à sa charge que les dettes résultantes d'emprunts formellement consentis par les Etats des pays cédés, ou des dépenses faites pour l'administration effective desdits pays.

9. Aussitôt après l'échange des ratifications du présent traité, il sera accordé dans tous les pays cédés, acquis ou échangés par ledit traité, à tous les habitans ou propriétaires quelconques,

main-levée du séquestre mis sur leurs biens, effets et revenus à cause de la guerre qui a eu lieu. Les parties contractantes s'obligent à acquitter tout ce qu'elles peuvent devoir pour fonds à elles prêtés par lesdits particuliers, ainsi que par les établissemens publics desdits pays, et à payer ou rembourser toute rente constituée à leur profit sur chacune d'elles. En conséquence de quoi, il est expressément reconnu que les propriétaires d'actions de la banque de Vienne, devenus Français, continueront à jouir du bénéfice de leurs actions, et en toucheront les intérêts échus ou à écheoir, nonobstant tout séquestre et toute dérogation, qui seront regardés comme non avenus, notamment la dérogation résultante de ce que les propriétaires devenus Français n'ont pu fournir les trente et les cent pour cent demandés aux actionnaires de la banque de Vienne par Sa Majesté l'Empereur et Roi.

10. Les parties contractantes feront également lever tous séquestres qui auroient été mis, à cause de la guerre, sur les biens, droits et revenus des sujets de Sa Majesté l'Empereur ou de l'Empire, dans le territoire de la République française, et des citoyens Français dans les Etats de sadite Majesté ou de l'Empire.

11. Le présent traité de paix, notamment les articles 8, 9, 10 et 15 ci-après, est déclaré commun aux Républiques Batave,

Helvétique, Cisalpine et Ligurienne.

Les parties contractantes se garantissent mutuellement l'indépendance desdites Républiques, et la faculté aux peuples qui les habitent d'adopter telle forme de Gouvernement qu'ils jugeront convenable.

12. Sa Majesté impériale et royale renonce pour elle et ses successeurs, en faveur de la République cisalpine, à tous les droits et titres provenant de ses droits, que Sadite Majesté pourroit prétendre sur les pays qu'elle possédoit avant la guerre, et qui, aux termes de l'article 8 du traité de Campo-Formio, font maintenant partie de la République cisalpine, laquelle les possédera en toute souveraineté et propriété, avec tous les biens territoriaux qui en dépendent.

13. Sa Majesté impériale et royale, tant en son nom qu'au nom de l'Empire germanique, confirme l'adhésion déja donnée par le traité de Campo-Formio à la réunion des ci-devant fiefs impériaux à la République ligurienne, et renonce à tous droits et titres provenans de ces droits sur lesdits fiefs.

14. Conformément à l'art. 11 du traité de Campo-Formio, la navigation de l'Adige servant de limite entre les Etats de Sa Majesté impériale et royale et ceux de la République cisalpine, sera libre sans que, de part ni d'autre,

en puisse y établir aucun péage, ni tenir aucun bâtiment armé en guerre.

15. Tous les prisonniers de guerre faits de part et d'autre, ainsi que les otages enlevés ou donnés pendant la guerre, qui n'auront pas encore été restitués, le seront dans quarante jours, à dater de celui de la signature du présent traité.

16. Les biens fonciers et personnels non-aliénés de son altesse royale l'Archiduc Charles, et des héritiers de feu son altesse royale madame l'Archiduchesse Christine, qui sont situés dans les pays cédés à la République française, leur seront restitués, à la charge de les vendre dans l'espace de trois ans.

Il en sera de même des biens fonciers et personnels de leurs altesses royales l'Archiduc Ferdinand, et madame l'Archiduchesse Béatrix son épouse, dans le territoire de la République cisalpine.

17. Les articles 12, 13, 15, 16, 17 et 23 du traité de Campo-Formio sont particulièrement rappelés, pour être exécutés suivant leur forme et teneur, comme s'ils étoient insérés mot à mot dans le présent traité.

18. Les contributions, livraisons, fournitures et prestations quelconques de guerre, cesseront d'avoir lieu, à dater du jour de l'échange des ratifications données au présent traité, d'une part par Sa Majesté l'Empereur et

par l'Empire germanique, d'autre part par le Gouvernement de la République française.

19. Le présent traité sera raratifié par Sa Majesté l'Empereur et Roi, par l'Empire et par le Gouvernement de la République française, dans l'espace de trente jours, ou plutôt si faire se peut ; et il est convenu que les armées des deux puissances resteront dans les positions où elles se trouvent, tant en Allemagne qu'en Italie, jusqu'à ce que lesdites ratifications de l'Empereur et Roi, de l'Empire et du Gouvernement de la République Française aient été simultanément échangées, à Lunéville, entre les plénipotentiaires respectifs.

Il est aussi convenu que, dix jours après l'échange desdites ratifications, les armées de Sa Majesté impériale et royale seront rentrées sur ses possessions héréditaires, lesquelles seront évacuées, dans le même espace de temps, par les armées françaises, et que, trente jours après ledit échange, les armées françaises auront évacué la totalité du territoire dudit Empire.

Fait et signé à Lunéville, le 20 pluviose an 9 de la République française (9 février 1801).

Signé, LOUIS, comte de COBENZL ;

JOSEPH BONAPARTE.

Pour copie conforme, le secrétaire d'État,

Signé, Hugues-Bernard MARET.

A PARIS, DE L'IMPRIMERIE NATIONALE.

www.ingramcontent.com/pod-product-compliance
Lightning Source LLC
Chambersburg PA
CBHW061621040426
42450CB00010B/2597